Spielerisch Deutsch lernen

Lernkrimi – Die Spur zum Kellerfenster

Autorin: Christiane Wittenburg   Illustration: Hans-Günther Döring

Hueber Verlag

Christiane Wittenburg ist Grundschullehrerin und
schreibt seit ein paar Jahren Bücher für Kinder.
Sich Krimis und knifflige Rätsel auszudenken
macht ihr ebenso viel Spaß wie sie selbst zu lesen
und zu lösen. Mit ihrem Mann und ihren beiden
Kindern lebt sie in der Nähe von Freising.

Hans-Günther Döring, Jahrgang 1962, liest
gerne Krimis. Deshalb hat es ihm viel Spaß
gemacht, die Bilder für diesen Lernkrimi zu
malen. Er lebt mit seiner Familie in der Nähe von
Hamburg. 2005 wurde er mit dem „Umweltpreis
der Kinder- und Jugendliteratur" geehrt.

3. 2. 1.   Die letzten Ziffern
2016 15 14 13 12   bezeichnen Zahl und Jahr des Druckes.
Alle Drucke dieser Auflage können, da unverändert, nebeneinander benutzt werden.
1. Auflage
© für diese Ausgabe: Hueber Verlag GmbH & Co. KG, 85737 Ismaning, Deutschland, 2012
© 2009 Loewe Verlag GmbH, Bindlach – Originaltitel: «Logli Lernkrimis – Die Spur zum Kellerfenster»
Umschlaggestaltung: creative partners gmbh, München
Umschlagillustration: Hans-Günther Döring
Layout: Loewe Verlag GmbH
Satz: Loewe Verlag GmbH
Printed in Italy
ISBN 978–3–19– 269470–7

Inhalt

Vorwort

Play your way to German – a mystery story for learners – The track leading to the cellar window (Level 1)

→ For children with basic reading skills
→ Practises: reading skills, reading comprehension and logical thinking
→ Exercises to revise and consolidate the content of the first year in German schools (Level 1)

The team of detectives is facing a problem:
Hannes takes his hamster 'Karli' to school. The teacher is going to talk about pets. But then, when Hannes wants to show his hamster in class, Karli has suddenly vanished. Where can he be? The detectives start looking for him.

→ The contents of the books describe everyday situations that children are familiar with.
→ It is an exciting mystery story with exercises that correspond to the content of the story: On the left-hand page is a text passage, on the right-hand page written exercises on spelling, phonetics and sometimes something to puzzle over.
→ Every text passage is available as an MP3 track.
→ At the end of the book you find an answer key and a 'detective-page' on which the children can enter the solutions to all the exercises. If all of their entries are correct, they will find the solution to the mystery.
→ The colourful and funny illustrations support a strategy of learning by playing.

Aprender alemán jugando – Una historia de detectives: El rastro hasta la ventana del sótano (Nivel de aprendizaje 1)

→ Para niños que ya saben leer
→ Fomento de la lectura, compresión de texto y asociaciones lógicas
→ Ejercicios de repaso y profundización de los contenidos de la clase de nivel 1.

El equipo de detectives se enfrenta a un enigma:
Hannes se lleva a su hámster Karli a la escuela. Su profesora quiere hablar sobre el tema "animales domésticos". Pero en el momento en que Hannes quiere mostrar su hámster en clase, se da cuenta de que Karli ha desaparecido. ¿Dónde puede estar? Los detectives salen en su busca.

→ Los contenidos del libro están estrechamente relacionados con situaciones y experiencias del mundo de los niños.
→ Es una historia de detectives llena de intriga acompañada de ejercicios relacionados con el texto: en la página de la izquierda hay un fragmento de la historia y en la de la derecha aparecen ejercicios de vocabulario, ortografía y fonética, así como tareas para ayudar a resolver el caso.
→ Para cada fragmento existe también un audio en forma de MP3.
→ Al final del libro están las soluciones de los ejercicios, así como la "página de detectives" donde los pequeños lectores pueden ir apuntando la solución de todas las tareas. Si las soluciones son correctas, el "caso" queda resuelto.
→ Las atractivas ilustraciones, propias de la edad a la que va dirigida la lectura, aseguran un ameno aprendizaje.

Almancayı oynuyarak öğrenmek - öğrenme polisiye romanı- Bodrum penceresine giden iz (Birinci Öğrenme Seviyesi)

→ Okumayı bilen çocuklar için
→ Okumaya destek sağlamak, metni anlamak ve mantık yürütmek
→ 1. sınıf ders programının tekrarını ve sağlamlaşmasını sağlayan alıştırmalar

Dedektif ekibi bir bulmaca ile karşı karşıya:
Hannes Karli adlı dağ faresini okula getiriyor. Öğretmeni ev hayvanları konusunda konuşmak istiyor. Hannes derste dağ faresini göstermek isterken Karli aniden ortadan kayboldu. Nerede olabilir? Detektifler araştırmaya başlıyorlar...

→ Kitapların içeriği, çocukların kendi günlük yaşamlarından ve tecrübelerinden tanıdık durumlardan oluşuyor.
→ İçerik anlamında uygun alıştırmaları olan heyecanlı bir polisiye hikayesi: Sol tarafta bir paragraflık metin yer alırken, sağ tarafta kelime hazinesi, imla ve fonetikle ilgili alıştırmalar ve bulmacalar var.
→ Her metin bölümü ayrıca sesli olarak MP3 formatında mevcuttur.
→ Kitabın sonunda kontrol için cevap anahtarı ve çocukların bütün soruların cevaplarını yazabildikleri bir dedektiflik sayfası yer alıyor. Bütün sonuçlar doğru olarak bulunduğunda olayların aydınlanması sağlanıyor.
→ Albenisi olan ve yaşa uygun illüstrasyonlarla çocuklar öğrenirken aynı zamanda eğleniyor.

**«Немецкий язык в игровой форме – Учебный детективный роман – След к подвальному окну».
(Уровень 1)**

→ Для детей, которые уже умеют читать.
→ Для развития интереса к чтению, понимания текста и логического рассуждения.
→ С упражнениями для повторения и закрепления учебного материала первого уровня.

Детективы стоят перед загадкой:
Ханнес приносит своего хомяка Карли в школу. Учительница хочет обсудить тему «домашние животные». Но когда Ханнес хочет показать своего хомяка на уроке, Карли внезапно пропал. Где же он может быть? Детективы принимаются за работу.

→ Содержание книги охватывает темы, хорошо знакомые детям из их повседневной жизни и пережитых событий.
→ Это увлекательная детективная история прерывается подходящими по смыслу упражнениями: каждый абзац текста размещён на левой стороне, на правой стороне предлагаются упражнения на закрепление лексики, правописания и фонетики, а также кроссворды.
→ Весь текст представлен для прослушивания в формате MP3.
→ В конце книги находятся ключи к заданиям для самоконтроля, а также детективная страничка, где дети могут записывать все свои ответы к предлагаемым упражнениям. Все правильные решения способствуют разрешению загадочного происшествия.
→ Адаптированные для детей занимательные иллюстрации доставляют большое удовольствие заниматься немецким языком.

**„Nauka niemieckiego bez trudu – kryminał edukacyjny – Ślady prowadzące do okna w piwnicy"
(Pierwszy poziom nauczania)**

→ dla dzieci umiejących czytać
→ motywuje do czytania, rozumienia tekstu i logicznego rozumowania
→ zawiera ćwiczenia, które pozwalają powtórzyć i utrwalić materiał klasy I szkoły podstawowej

Detektywi mają do rozwiązania nie lada zagadkę:
Hannes przyniósł do szkoły swojego chomika, ponieważ pani nauczycielka ma rozmawiać o zwierzętach domowych. Jednak kiedy Hannes chce pokazać chomika na lekcji dzieciom, okazuje się, że Karli – tak nazywa się chomik Hannysa – nagle zniknął. Gdzie on może być? Detektywi wyruszają na poszukiwania.

→ Tematy przedstawiane w naszych książkach dotyczą sytuacji znanych dzieciom z życia codziennego.
→ Trzymające w napięciu opowiadanie kryminalne z tematycznie dobranymi ćwiczeniami: Lewa strona książki zawiera określony fragment tekstu. Natomiast po prawej stronie znajdują się ćwiczenia dotyczące słownictwa, prawidłowej pisowni, wymowy a także liczne łamigłówki.
→ Każda część tekstu dostępna jest również w wersji dźwiękowej w formacie MP3.
→ Na końcu książki znajduje się klucz do zadań, aby móc sprawdzić, czy dana odpowiedź jest poprawna oraz strona detektywistyczna, na której dzieci wpisują rozwiązania wszystkich zadań. Jeśli wszystkie odpowiedzi są prawidłowe, zagadka zostaje rozwiązana..
→ Atrakcyjne, odpowiednio dostosowane do wieku dziecka ilustracje zapewniają dużą porcję dobrej zabawy podczas nauki.

Hallo, Spürnase!

Paula, die Zwillinge Jo und Hannes und die Hündin Frau Meier sind das Detektiv-Team. Gemeinsam lösen sie jeden Fall. Diesmal bringt Hannes seinen Hamster Karli mit in die Schule. Die Lehrerin möchte über Haustiere sprechen. Doch als Hannes den Hamster vorstellen möchte, ist Karli plötzlich verschwunden. Wo kann er sein? Die Detektive haben schon bald eine Spur.

Willst du den Detektiven bei ihrer Suche helfen?
Dann pass auf! Du musst genau lesen, gut überlegen und **exakt beobachten**.
So kannst du zusammen mit den vier Freunden den Fall lösen.
Auf jeder Seite findest du eine neue **Spur** oder einen versteckten Hinweis.
Mache alle Aufgaben und trage die Lösungsbuchstaben auf der **Detektivseite** ein. Zum Schluss schreibst du die Buchstaben in den Lösungssatz.
Viel Spaß dabei!

So kannst du auch sagen:

Begriff:	auch:	Beispiele:
Grammatische Begriffe		
Begleiter	Artikel	der, die, das
Namenwort	Hauptwort, Nomen, Substantiv	Mensch, Kind, Hund, Blume
Tunwort	Tätigkeitswort, Zeitwort, Verb	essen, laufen, sehen
Wiewort	Eigenschaftswort, Adjektiv	schön, nett, klein
Laute		
Anlaut	1. Laut eines Wortes	Onkel, fünf, heute, Auge, eins
Doppellaut	Zwielaut, Diphtong	au, äu, eu, ei, ai
Mitlaut	Konsonant	b, c, d, f, g, h, k, l, m, ...
Selbstlaut	Vokal	a, e, i, o, u

Name: Jo (Vorsicht: Anführer!)
Markenzeichen: gestreifte Wollmütze
Lieblingsmusik: Hip-Hop
Größtes Hobby: Fälle lösen
Größter Wunsch: Sänger oder Meisterdetektiv werden

Name: Hannes (Vorsicht: kombiniert gut!)
Markenzeichen: runde Brille
Größtes Talent: Kunststücke auf dem Einrad
Größtes Hobby: Krimis lesen und dabei Chips essen
Größter Wunsch: mit den Detektiven berühmt werden

Name: Paula (Vorsicht: schlau und frech!)
Markenzeichen: pinkfarbene Haarsträhne
Größtes Talent: Karten spielen
Größtes Hobby: Keyboard
Größter Wunsch: Computerspiele erfinden

Name: Frau Meier (Vorsicht: feine Nase!)
Alter: 4 Hundejahre
Markenzeichen: buntes Fell
Größtes Hobby: Entdeckertouren
Größte Tarnung: sieht gefährlich aus, ist aber treu und lieb
Größter Wunsch: jeden Tag eine Wurst

Ein Hamster in der Schule

Heute darf Hannes seinen Hamster Karli

mit in die Schule bringen. In der dritten Stunde

soll es nämlich um Haustiere gehen.

Auf dem Pausenhof wird Hannes sofort

von seinen Mitschülern umringt.

Frau Meier, die Hündin des Hausmeisters,

schnüffelt neugierig am Käfig. Dann bellt sie laut.

„Darf ich ihn mal streicheln?", fragt Tom

aus der Parallelklasse.

„Ja", sagt Hannes.

Ordne die Bilder und schreibe die Buchstaben unten in die Kästchen.

Tom nimmt den Hamster aus dem Käfig. **I**

Frau Meier schnüffelt am Käfig. **R**

 Frau Meier bellt laut. **L**

 **K**

Hannes bringt Karli mit zur Schule.

Die Kinder umringen Hannes. **A**

1   2   3   4   5

Welches Bild ist das erste in der Geschichte?

Bild **K**   Bild **R**

Trage den Lösungsbuchstaben auf der Detektivseite ein.

„Hast du Karli wieder in den Käfig gesetzt?",

fragt Hannes.

Tom nickt und verabschiedet sich schnell.

Hannes schaut in den Käfig.

Aus dem Eingang des Häuschens

gucken Heu und Papierschnipsel.

„Karli ruht sich aus", sagt er zu den anderen.

Auf dem Weg ins Klassenzimmer wollen

Hannes' Freunde alles über Karli wissen.

Eines der Kinder hat einen merkwürdigen Gegenstand
dabei. Weißt du, was das für ein Gegenstand ist?
Schau genau hin.

Die Kinder stellen Hannes viele Fragen. Die Fragen sind aber nicht vollständig. Ergänze die fehlenden Wörter. Aufgepasst, ein Wort passt nicht!

hast

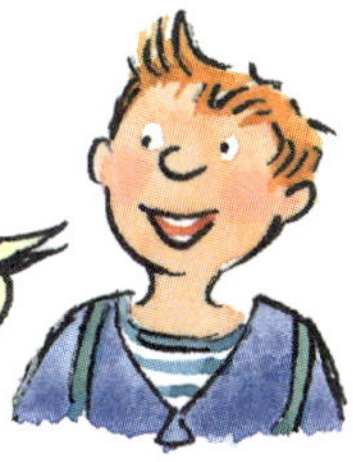

Warum _____ er Karli?

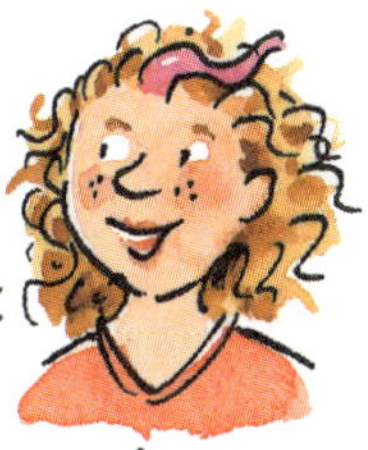

frisst

Was _____ Karli am liebsten?

alt

Musst du Karli auch _____?

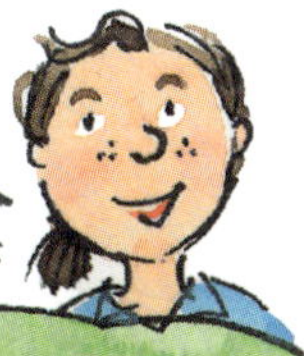

lebt

Woher _____ du Karli?

waschen

Wie lange _____ ein Hamster?

heißt

Welches Wort konntest du nicht einsetzen?

alt **A**   heißt **B**

Trage den Lösungsbuchstaben
auf der Detektivseite ein.

11

Komisch, komisch!

„Was ihr alles wissen wollt", stöhnt Hannes.

Aber da kommt ihm sein Zwilling Jo zu Hilfe.

„Hamster werden ein bis zwei Jahre alt.

Hannes hat ihn seit einem Monat, weil unser

Nachbar Ben eine Allergie gegen Hamster hat.

Da musste er Karli weggeben.

Waschen muss man Karli nicht,

er putzt sich selbst.

Eigentlich heißt er

Karl der Große, aber

das war uns zu lang",

erklärt Jo.

In diesem Gitter haben sich waagerecht fünf Wörter aus dem Text auf Seite 6 versteckt. Kreise sie ein.

M	E	Z	W	I	L	L	I	N	G
S	Q	F	R	B	T	K	L	P	O
G	R	K	G	O	P	U	S	I	J
S	M	H	A	M	S	T	E	R	U
I	A	L	L	E	R	G	I	E	R
E	M	O	N	A	T	M	R	J	W
U	E	I	N	A	C	H	B	A	R
W	I	U	M	J	P	R	Y	G	S

Welches Wort hast du gefunden?

Hamster R Hase C

Trage den Lösungsbuchstaben
auf der Detektivseite ein.

„Karli frisst am liebsten Erdnüsse", erklärt Jo.

Er holt ein paar Erdnüsse aus seiner

Jackentasche und legt sie in den Käfig.

„Komisch. Warum kommt Karli nicht raus?",

wundert sich Jo.

„Karli mag auch gern Mohrrüben und Gurken.

Manchmal frisst er sogar Joghurt", sagt Hannes.

Da klingelt es und Frau Schulte beginnt die Stunde.

Auf dem Bild sind vier Dinge versteckt,
die Hamster gerne fressen. Findest du sie?

Wortgrenzen erfassen

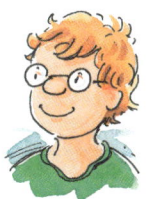

Wenn man ein Haustier haben möchte, muss man sich vorher gut informieren. Kannst du lesen, was man über Hamster wissen sollte? Setze nach jedem Wort einen Trennungsstrich.

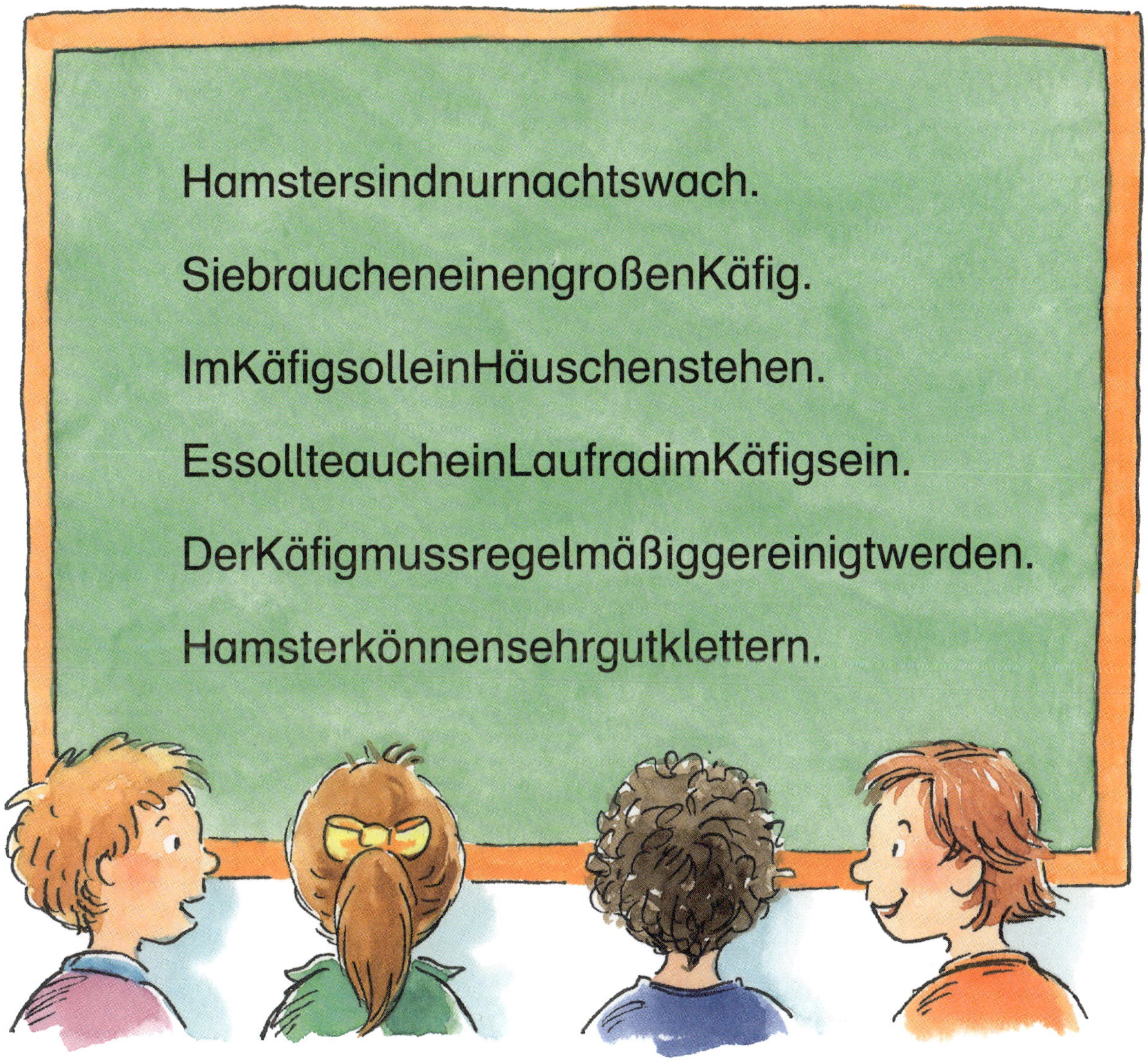

Hamstersindnurnachtswach.
SiebraucheneinengroßenKäfig.
ImKäfigsolleinHäuschenstehen.
EsollteaucheinLaufradimKäfigsein.
DerKäfigmussregelmäßiggereinigtwerden.
Hamsterkönnensehrgutklettern.

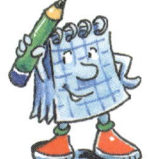

Wie viele Wörter hat der längste Satz?

10 Wörter **G** 8 Wörter **L**

Trage den Lösungsbuchstaben auf der Detektivseite ein.

Wo steckt Karli?

Track 5

Endlich ist Hannes an der Reihe

und darf Karli vorstellen. Er öffnet den Käfig

und hebt das Dach des Häuschens ab.

Doch Karli ist verschwunden.

„Was ist los?", fragt Frau Schulte.

„Karli ist weg", flüstert Hannes.

„Wir müssen ihn suchen!",

rufen Jo und Paula gleichzeitig.

Zusammengesetzte Namenwörter

Wo könnte Karli stecken? In der Aufregung sind einige Wörter durcheinander geraten. Setze die Wörter wieder zusammen und schreibe sie auf die leeren Zeilen.

Haus- Klassen- Papier- Turn- Pausen- Dach- -boden -korb -halle -zimmer -flur -hof

_____   _____

_____   _____

_____   _____

Welches Wort hast du gefunden?

Haustür J   Klassenzimmer I

Trage den Lösungsbuchstaben
auf der Detektivseite ein.

17

Track 6

„Lasst uns in Ruhe nachdenken", meint Hannes.

„Auf dem Pausenhof wollte Tom Karli streicheln.

Dann hat er ihn wieder in den Käfig gesetzt."

„Aber als ich Karli vor dem Unterricht

noch ein paar Erdnüsse geben wollte,

hat er sie sich nicht geholt", meint Jo.

„Sonst frisst er die Nüsse immer sofort."

„Ganz klar, Tom hat Karli einfach behalten",

kombiniert Paula.

Wie heißt der Verdächtige?
Notiere den Namen auf der Detektivseite.

In welchen Wörtern versteckt sich die Buchstabenfolge TOM?
Unterstreiche sie mit roter Farbe.

Trommel

Tomate

Foto

Tombola

Tomahawk

Motorrad

Wie oft hast du die Buchstabenfolge TOM gefunden?

4-mal L   3-mal I

Trage den Lösungsbuchstaben
auf der Detektivseite ein.

19

Der Verdächtige

Track 7

„Tom, na der kann was erleben", brummt Hannes.

In diesem Moment klingelt es zur Pause.

Frau Meier wartet schon auf die Kinder.

Paula füttert sie mit Wurst.

Gemeinsam suchen sie nach Tom.

Aber sie sehen ihn nirgends.

Siehst du Tom?

20

In diesem Bild haben sich alle Buchstaben aus dem Abc versteckt. Findest du sie? Male sie bunt an.

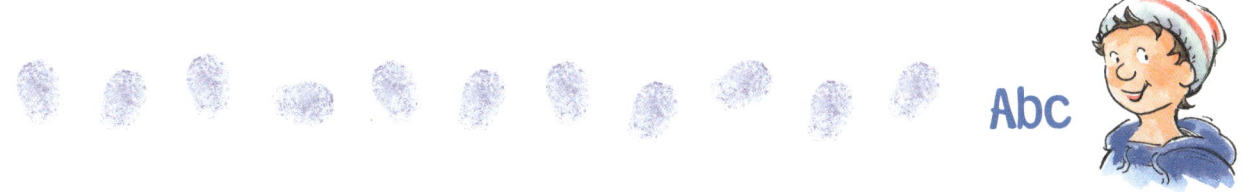

Wie viele Buchstaben hast du gefunden?

30 **Q**   26 **S**

Trage den Lösungsbuchstaben
auf der Detektivseite ein.

Endlich finden sie Tom hinter den Büschen.

„Wo ist Karli?", fragt Hannes aufgeregt.

„Tut mir leid, Hannes", schluchzt Tom.

„Ich wollte Karli meinen Freunden zeigen.

Aber als er mich gebissen hat,

habe ich ihn vor Schreck losgelassen."

„Hier, hinterm Busch ist der Boden feucht

und Karlis Spuren sind zu sehen", ruft Paula.

„Sie führen zum Fenster. Vielleicht ist er im Keller!"

Wohin führen Karlis Spuren?
Notiere es auf der Detektivseite.

Lies den Text auf der linken Seite genau,
dann beantworte die Fragen.

1.   Warum hat Tom Karli mitgenommen?

a)   Er wollte ihn mit nach Hause nehmen.

b)   Er wollte ihn seinen Freunden zeigen.

2.   Warum hat Tom Karli losgelassen?

a)   Karli hat Tom gebissen.   b)   Karli hat Tom gekratzt.

3.   Wo hat Paula die Spuren entdeckt?

a)   Hinter dem Busch   b)   Im Blumenbeet

Wie oft war die Antwort a richtig?
2-mal   T   3-mal   P

Trage den Lösungsbuchstaben
auf der Detektivseite ein.

Die Spur führt zum Keller

Track 9

Hannes kniet sich auf die Erde

und lugt durchs Kellerfenster.

„Kannst du irgendwas erkennen?", fragt Jo.

„Nee, zu dunkel", meint Hannes.

„Ich habe eine Idee. Wir holen Frau Meier.

Die findet Karli bestimmt", sagt Paula und grinst.

 Wie viele Knochen kann Frau Meier hier finden?

Einige Beschreibungen treffen genau auf Frau Meier zu.
Streiche die Beschreibungen durch, die nicht passen.

Frau Meier ist der Hund …

…, der einen
Schlüssel am
Halsband trägt.

…, der gerne auf
Entdeckertouren
geht.

… mit
den gelben
Pfoten.

… mit dem
bunten Fell.

…, der gerne
jeden Tag eine
Wurst frisst.

…, der dem
Direktor gehört.

…, dessen
Leibspeise
Möhren sind.

Wie viele Sätze konntest du durchstreichen?

2 **E**   3 **I**

Trage den Lösungsbuchstaben
auf der Detektivseite ein.

Track 10

Paula lässt Frau Meier an Karlis Käfig schnuppern.

Dann gehen alle zusammen in den Keller.

„Such!", sagt Paula und gibt Frau Meier einen Klaps.

Frau Meier schnüffelt um die herumstehenden

Kartons, den Flur entlang bis zu

einer grünen Pflanze.

Wörter suchen

Sieh dich genau um. Überall sind Beschriftungen und Zeichen.
Kannst du alles lesen?

DAS KLECKS-THEATER SPIELT PETERCHENS MONDFAHRT AM SAMSTAG

WERK-RAUM

HUNDE-FUTTER

ZAUBER-KISTE

GLÄSER

VERKLEI-DUNGS-KISTE

Welches Theaterstück wird am Samstag aufgeführt?
Pippi Langstrumpf U   Peterchens Mondfahrt M

Trage den Lösungsbuchstaben
auf der Detektivseite ein.

O nein, Frau Meier!

Track 11

Doch gerade als Frau Meier an der Pflanze

schnuppert, steigt ihr ein anderer Duft in die Nase.

Da steht ja ihr leckeres Hundefutter!

„O nein", stöhnt Paula. „Du verfressener Hund!"

„Sieht so aus, als müssten wir ohne Frau Meier

weitersuchen", lacht Jo.

„Aber Karli war auf jeden Fall hier", meint Hannes.

„Guckt mal, wie die Pflanze aussieht!"

Welche Wiewörter beschreiben diese Pflanze? Kreise sie ein.

durchsichtig   braun

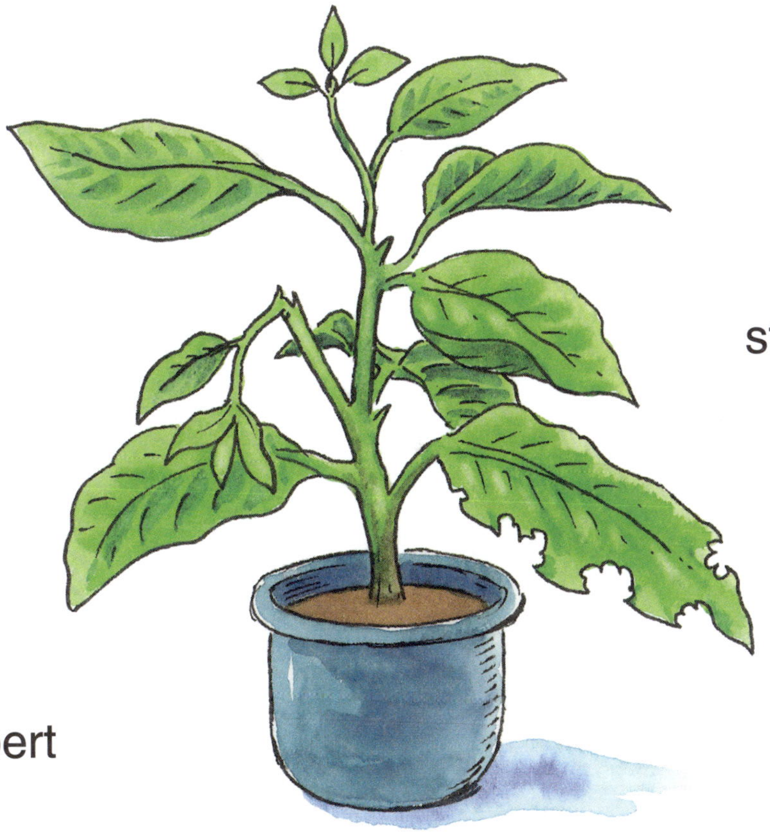

abgeknickt   stachlig

angeknabbert

grün   vertrocknet

Wie viele Wörter bleiben übrig?

6 **H**   4 **E**

Trage den Lösungsbuchstaben
auf der Detektivseite ein.

29

Track 12

„Hier liegen Hamsterköttel!",

ruft Tom von der Treppe aus.

Sofort rennen Hannes und Jo zu ihm.

„Lasst uns mal logisch denken", sagt Jo.

„Hamster schlafen doch tagsüber.

Bestimmt ist er nicht weit gelaufen, sondern

hat sich ein gemütliches Plätzchen gesucht."

 Wie viele Gegenstände hat Karli unterwegs angenagt?
Kreise sie ein.

Die Detektive überlegen sich mögliche Hamsterschlafplätze.
Sie haben alle einen „Sch"-Laut, doch wie wird er geschrieben:
SCH oder **S**? Ergänze die fehlenden Buchstaben.

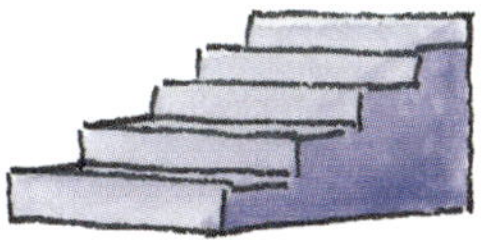

Treppen_____tufe

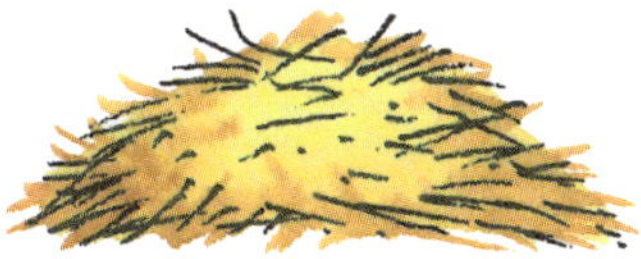

_____troh

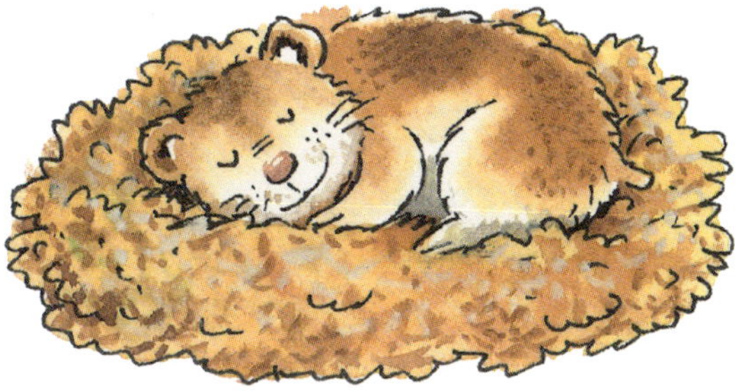

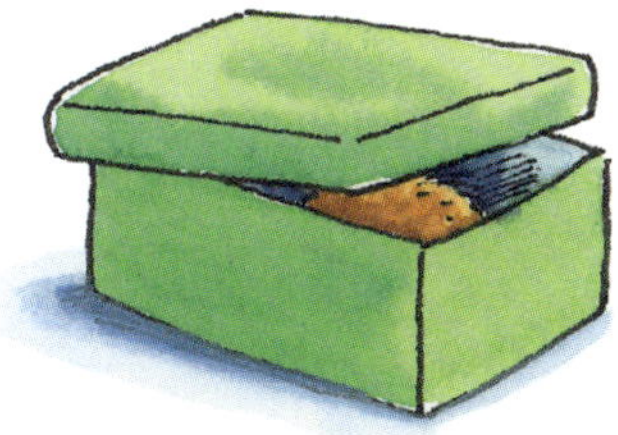

_____achtel

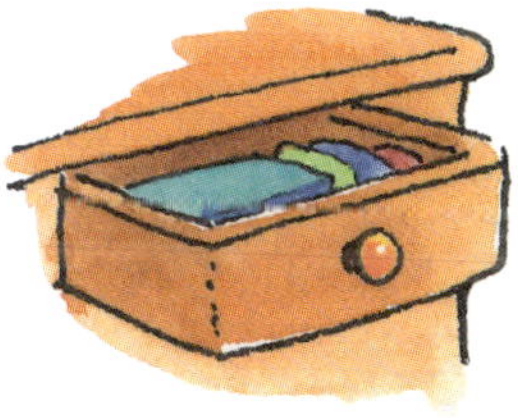

_____ublade

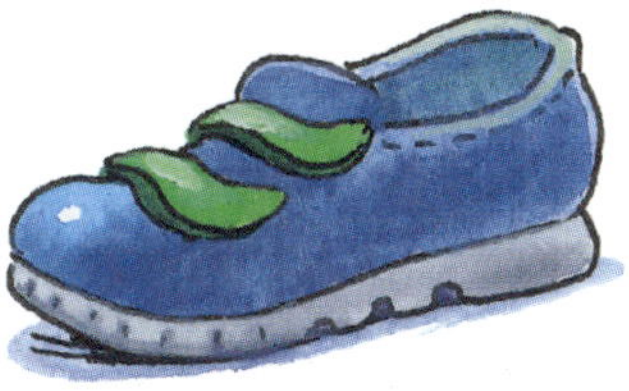

_____uh

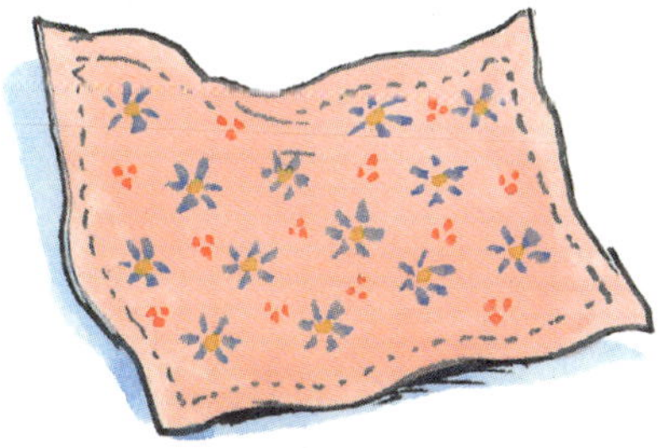

_____tofftaschentuch

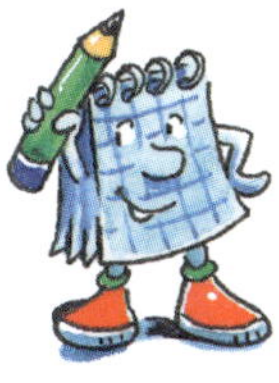

Wie oft hast du nur **S** geschrieben?

 4-mal **W**   3-mal **I**

Trage den Lösungsbuchstaben
auf der Detektivseite ein.

31

Aufgepasst!

Track 13

„**H**ier liegt ein angenagter Radiergummi",

sagt Paula. Sie steht in der Tür zum Werkraum.

„Ob Karli hier ist?", überlegt Hannes.

„Immerhin gibt es viel Papier,

aus dem er sich ein Nest bauen kann", meint Jo.

Was könnte Karli im Werkraum gut gebrauchen und hat ihn vermutlich hineingelockt? Notiere es auf der Detektivseite.

Hier sind alle Wörter kleingeschrieben.
Welche beginnen mit Großbuchstaben?
Schreibe den Satz richtig auf die Zeile unter dem Text.

im werkraum liegen sägen und holzplatten auf den bänken.

_____

es gibt auch viel papier.

_____

neben den holzplatten liegen zeichenblöcke.

_____

an den wänden hängen bilder.

_____

im papierkorb türmen sich die papierkugeln.

_____

Wie viele Wörter musstest du ausbessern?

11 N   16 M

Trage den Lösungsbuchstaben
auf der Detektivseite ein.

33

Track 14

„**O**b Karli wirklich hier drin ist?", zweifelt Hannes.

„Vielleicht ist er doch die Treppe hochgeklettert."

Da klingelt es und die Pause ist zu Ende.

Ben, der Nachbar von Jo und Hannes,

kommt in den Werkraum.

„He, was macht ihr denn hier?", fragt er überrascht,

als er die Zwillinge sieht.

Sinnerfassend lesen

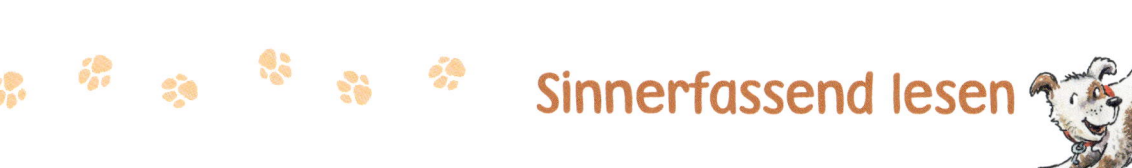

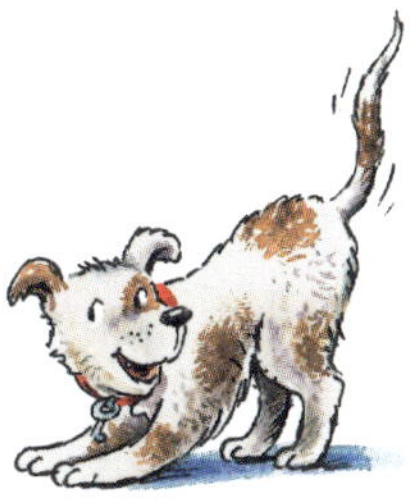

Was könnte Hannes antworten? Streiche die falschen Sätze durch.

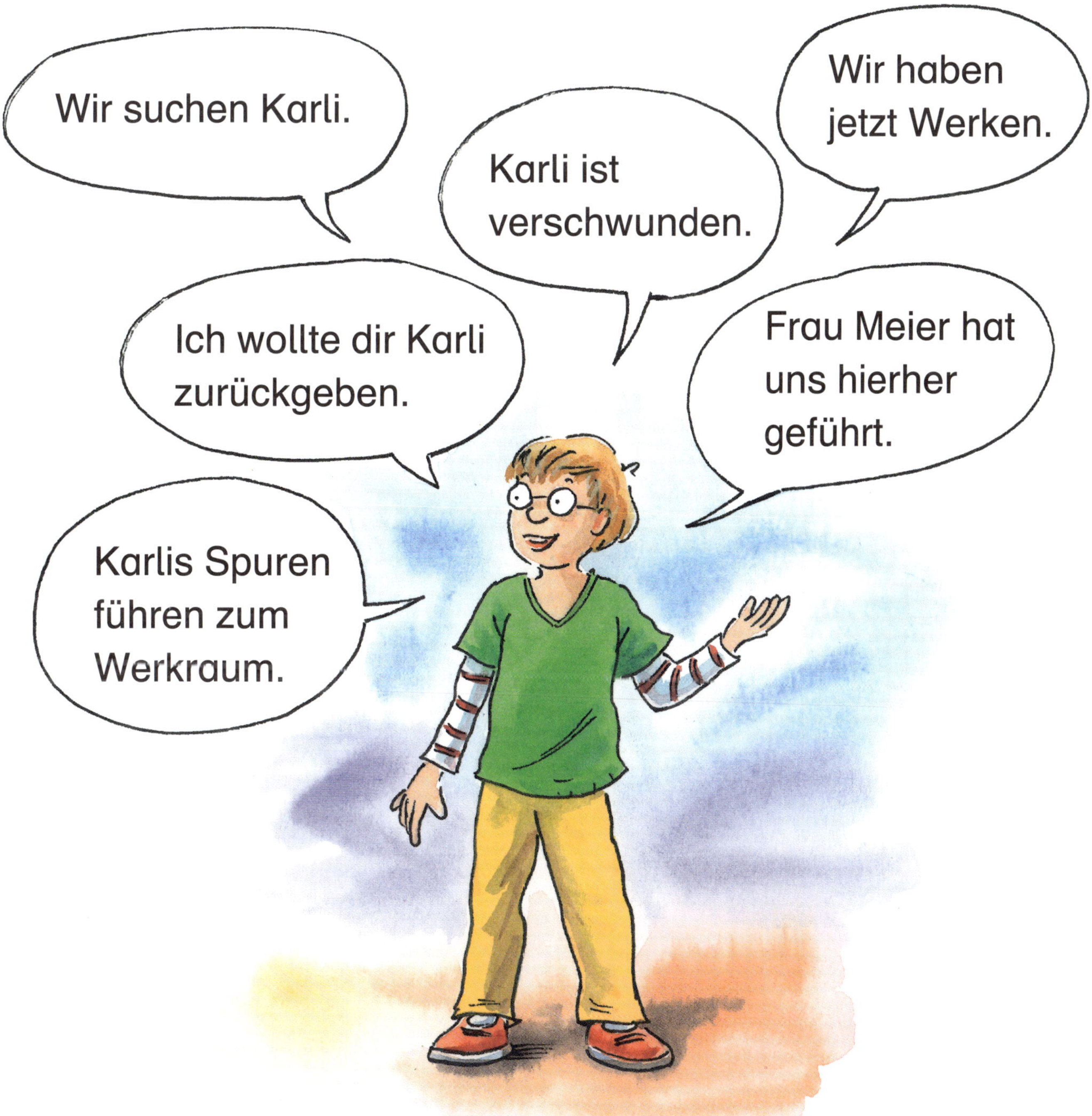
Wir suchen Karli.
Karli ist verschwunden.
Wir haben jetzt Werken.
Ich wollte dir Karli zurückgeben.
Frau Meier hat uns hierher geführt.
Karlis Spuren führen zum Werkraum.

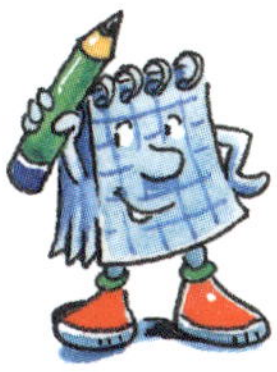

Wie viele Sätze sind richtig? 3 **E** 2 **F**

Trage den Lösungsbuchstaben auf der Detektivseite ein.

Track 15

Da muss Ben plötzlich furchtbar niesen.

„Ist das deine Allergie?", fragt Hannes. Ben nickt.

„Das heißt, dass Karli hier irgendwo ist!",

freut sich Jo. „Nur wo?"

Frau Meier kommt durch die Tür.

„Na, lässt du uns doch nicht im Stich?",

meint Paula und krault sie hinter den Ohren.

Da raschelt etwas. Frau Meier spitzt die Ohren.

„Ich glaube, ich weiß, wo Karli ist", lacht Jo.

Wodurch errät Jo, dass Karli in der Nähe ist?
Notiere es auf der Detektivseite.

Gelesenes übertragen

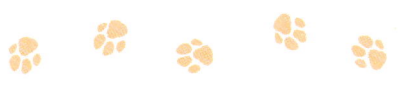

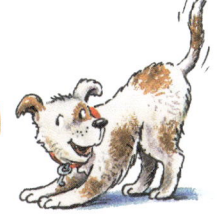

Weißt du jetzt auch, wo der Hamster ist? Ist Karli im Eimer, im Rucksack oder hinter dem Vorhang? Denke an alles, was du bisher über Hamster erfahren hast.

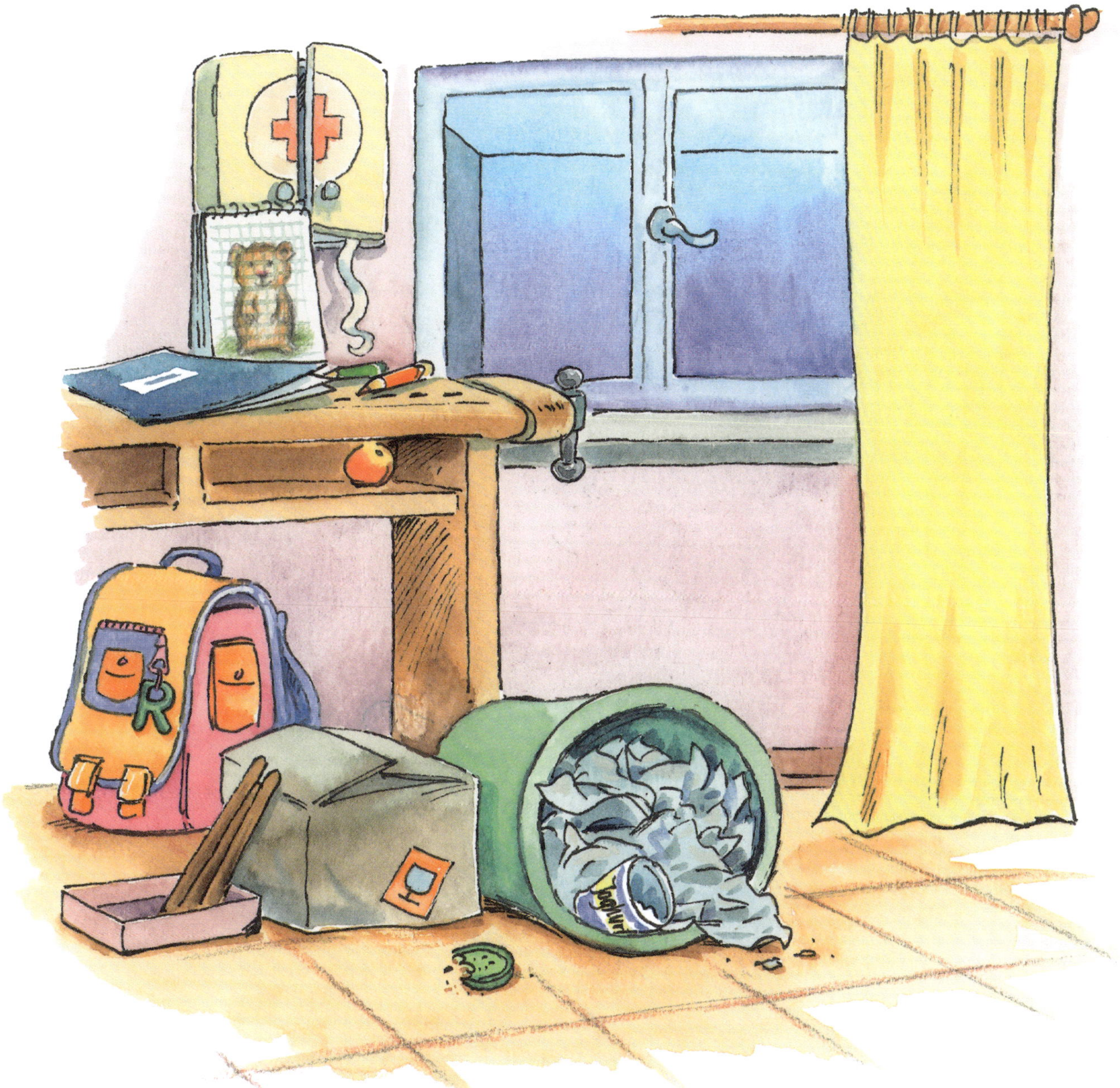

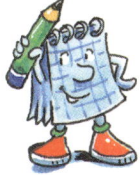

Irgendwo auf der Seite hat sich der letzte Lösungsbuchstabe versteckt. Wenn du ihn gefunden hast, trage ihn auf der Detektivseite ein.

Lösungen

Auf den folgenden Seiten kannst du die Lösungen der Aufgaben überprüfen. Alles, was du hierfür brauchst, ist ein Spiegel.

Seite 9
Die Reihenfolge der Bilder ist: K A R L I

Lösungsbuchstabe: **K**

. . . .

Seite 10
Ein Mädchen hat einen Skistock dabei.

. . . .

Seite 11
Warum **heißt** er Karli? Was **frisst** Karli am liebsten? Musst du Karli auch **waschen**? Woher **hast** du Karli? Wie lange **lebt** ein Hamster?

Lösungsbuchstabe: **A**

. . . .

Seite 13
Diese Wörter verstecken sich im Gitter:
ZWILLING   HAMSTER
ALLERGIE   MONAT
NACHBAR

Lösungsbuchstabe: **R**

. . . .

Seite 14
Auf dem Bild findest du eine Gurke, einen Joghurt, eine Mohrrübe und Erdnüsse.

. . . .

Seite 15
Hamster sind nur nachts wach. Sie brauchen einen großen Käfig. Im Käfig soll ein Häuschen stehen. **Es sollte auch ein Laufrad im Käfig sein.** Der Käfig muss regelmäßig gereinigt werden. Hamster können sehr gut klettern.

Lösungsbuchstabe: **L**

. . . .

Seite 17
Pausenhof, Klassenzimmer, Haustür, Papierkorb, Turnhalle, Dachboden

Lösungsbuchstabe: **I**

. . . .

Seite 19
Tomate, **Tomahawk**, **Tom**bola

Lösungsbuchstabe: **I**

Seite 20/21

Lösungsbuchstabe: **S**

. . . .

Seite 23
1 b, 2 a, 3 a

Lösungsbuchstabe: **T**

auf den Bänken. Es gibt auch viel **Papier**.
Neben den **Holzplatten** liegen **Zeichenblöcke**.
An den **Wänden** hängen **Bilder**. Im **Papierkorb**
türmen sich die **Papierkugeln**.

Lösungsbuchstabe: **M**

....

Seite 35
Folgende Antworten sind richtig:
Wir suchen Karli.
Karli ist verschwunden.
Karlis Spuren führen zum Werkraum.

Lösungsbuchstabe: **E**

....

Seite 37

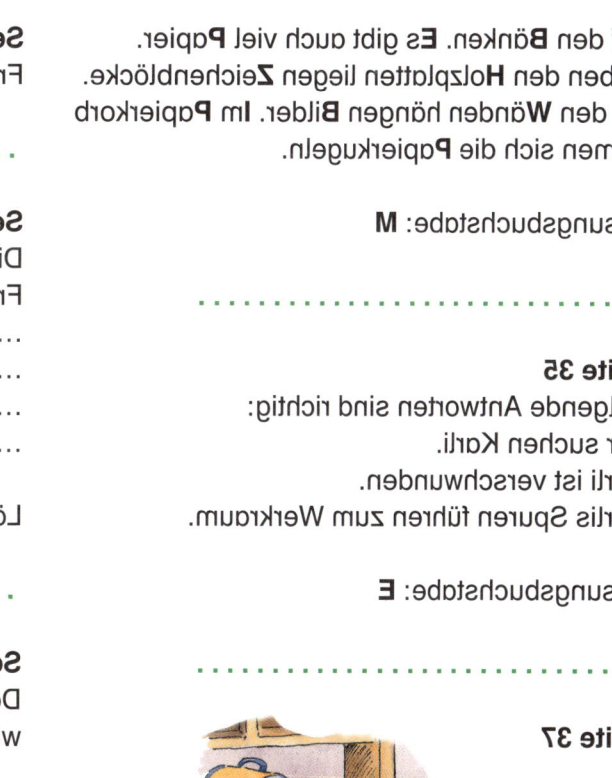

Lösungsbuchstabe: **R**

Lösungssatz: Karli ist im Eimer.

Seite 24
Frau Meier kann acht Knochen finden.

....

Seite 25
Diese Beschreibungen treffen zu:
Frau Meier ist der Hund ...
... mit dem bunten Fell.
..., der gern auf Entdeckertouren geht.
..., der einen Schlüssel am Halsband trägt.
..., der gerne jeden Tag eine Wurst frisst.

Lösungsbuchstabe: **I**

....

Seite 27
Das Theaterstück **Peterchens Mondfahrt**
wird am Samstag aufgeführt.

Lösungsbuchstabe: **M**

....

Seite 29
angeknabbert, grün und abgeknickt

Lösungsbuchstabe: **E**

....

Seite 30
Karli hat sechs Dinge angeknabbert.

....

Seite 31
Treppenstufe, Stroh, **Schuh**, **Schublade**,
Stofftaschentuch, **Schachtel**

Lösungsbuchstabe: **I**

....

Seite 33
Im **Werkraum** liegen **Sägen** und **Holzplatten**.

Detektivseite

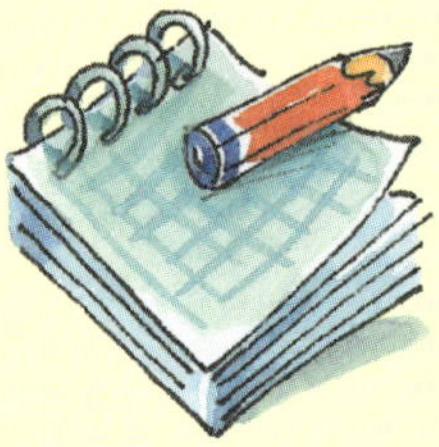

Der Name des Verdächtigen:

_____

Die Spuren führen ...

_____

_____

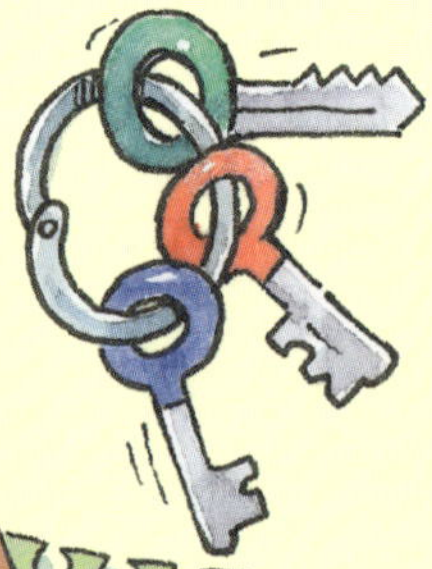

Das lockt Karli in den Werkraum:

_____

Ben muss plötzlich:

_____

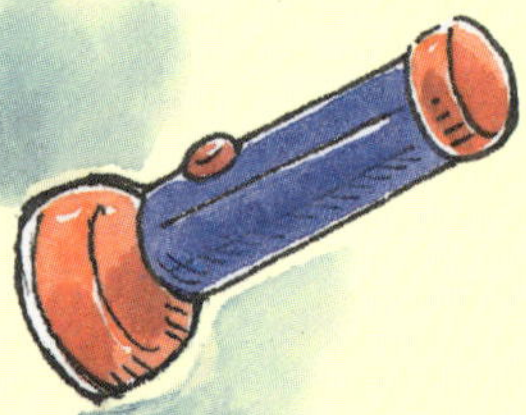

Lösungssatz:

1 2 3 4 5 6 7 8

9 10 11 12 13 14 15 .